BEI GRIN MACHT SICH IHR WISSEN BEZAHLT

AF139806

- Wir veröffentlichen Ihre Hausarbeit,
  Bachelor- und Masterarbeit

- Ihr eigenes eBook und Buch -
  weltweit in allen wichtigen Shops

- Verdienen Sie an jedem Verkauf

Jetzt bei www.GRIN.com hochladen und kostenlos publizieren

Bibliografische Information der Deutschen Nationalbibliothek:

Die Deutsche Bibliothek verzeichnet diese Publikation in der Deutschen National-bibliografie; detaillierte bibliografische Daten sind im Internet über http://dnb.d-nb.de/ abrufbar.

Impressum:

Copyright © 2018 GRIN Verlag
Druck und Bindung: Books on Demand GmbH, Norderstedt Germany
ISBN: 9783668803121

Dieses Buch bei GRIN:

https://www.grin.com/document/441712

Anonym

Wirtschaftspsychologie studieren? Eine persönliche Reflexion

GRIN Verlag

GRIN - Your knowledge has value

Der GRIN Verlag publiziert seit 1998 wissenschaftliche Arbeiten von Studenten, Hochschullehrern und anderen Akademikern als eBook und gedrucktes Buch. Die Verlagswebsite www.grin.com ist die ideale Plattform zur Veröffentlichung von Hausarbeiten, Abschlussarbeiten, wissenschaftlichen Aufsätzen, Dissertationen und Fachbüchern.

Besuchen Sie uns im Internet:

http://www.grin.com/

http://www.facebook.com/grincom

http://www.twitter.com/grin_com

Inhaltsverzeichnis

1. Die Entwicklung meines Bildes von Wirtschaftspsychologie im Verlaufe des 1. Semesters

Bis zum letzten Sommer wusste ich nichts über das Studium und das Tätigkeitsfeld der Wirtschaftspsychologie. Auf der langen und ermüdenden Suche nach dem richtigen Studiengang stieß ich zwischen Wirtschaftsrecht und Wirtschaftskommunikation auf den Terminus. Wie vermutlich die meisten, stellte auch ich mir darunter eine Verbindung betriebswirtschaftlicher Kompetenzen mit psychologischem Know-How vor. Da ich mich bis dahin sehr wenig mit Psychologie beschäftigt hatte und mehr darüber erfahren wollte, welche wissenschaftlichen Methoden und Erkenntnisse über unsere Erleben und Verhalten gelehrt werden, gefiel mir die Bezeichnung sehr gut. Die Verbindung zur Wirtschaft schien ‚den' Beruf des Wirtschaftspsychologen auch recht gut bezahlt zu machen. Als mir dann noch das Stichwort ‚Personalmanagement' als mögliche spätere Tätigkeit ins Auge sprang, war ich mir sicher, dass dieser Studiengang der Richtige für mich sein sollte. Schließlich wurde mir von meiner Mutter oft gesagt, wie gut meine Menschenkenntnis und mein Umgang mit ihnen ist und der Begriff ‚Management' hörte sich vielversprechend an. Also etwas was mich interessiert, recht gut bezahlt wird und meinen Begabungen und Veranlagungen angemessen ist.

Die BSP war die erste Hochschule, die ich für den Studiengang als besonders kompetent empfand und sie blieb nach weiteren Suchen auch als Favorit erhalten. Die Begriffe ‚qualitativ' und ‚quantitativ' sagten mir zu dem Zeitpunkt etwas ganz anderes als heute. Auch in der Gesprächsrunde konnten wir feststellen, dass die Ungleichheit des quantitativen und qualitativen Ansatzes und der darunter folgenden Abzweigungen nicht annähernd so bedeutend eingestuft wurde, wie sie es eigentlich ist. Eher wurden ‚quantitativ' und ‚qualitativ' als Randbegriffe aufgenommen. Ich vermutete, dass das Studium an der BSP wohl einfach ‚qualitativ hochwertig' sei und es auch an Quantität, also an Menge der Vermittlung und der Lehre nicht mangeln sollte. Aufgrund der weit verbreiteten alltäglichen Benutzung von Quantität und Qualität war auch der Laie von dieser Bedeutung ausgegangen. Ebenfalls fiel auf, dass die Wirtschaftspsychologie vor Beginn des Studiums von uns stark vereinfacht wurde. Unser Gespräch ergab, dass man sich im Grunde eine lineare Abfolge des gelernten und zu lernenden

Stoffes vorstellte, sowohl in den betriebswirtschaftlichen Kompetenzen, als auch in den psychologischen. Schließlich müsse es natürlich noch Raum für das Ineinandergreifen und Verbinden beider Bereiche geben, sodass man psychologische Modelle und Theorien auf spezielle wirtschaftliche Kontexte übertragen könne. Auch der Laie hatte das Bild von einer einheitlichen psychologischen Ausbildung gepaart mit wirtschaftlichen Kompetenzen. Interessanterweise spielt der Nicht-Wirtschaftspsychologe unserer Gesprächsrunde mit dem Gedanken klassische Psychologie zu studieren, da man dort, so er, mehr über den Menschen an sich erfährt und die Wirtschaftspsychologie nur Aufschluss darüber geben kann, wie und wieso sich der Mensch beispielsweise beim Kaufen eines Produkts oder beim Sehen einer Werbung verhält. Diese Einschätzung hatte ich auch vor Beginn des Studiums nicht. Ich war mir sicher, viel über ‚den' Menschen erfahren zu können, auch über mich selbst. Die „(…)Schulung (…) [von] sozialen und personalen Kompetenzen" (Schulte, Abruf: 09.03.2018) war nach Angaben der Website schließlich fest in das Studium integriert. Wer Psychologie, oder etwas damit verbundenes studiert, studiert sich doch schließlich selber, lautete meine Überlegung dazu. Mir schwirrten in dieser Zeit ebenfalls immer wieder Begriffe wie ‚Konsumverhalten' und ‚Marken' durch den Kopf. Mir war bewusst, dass ich nicht mein gesamtes Studium darüber diskutieren würde, wie Marken uns beeinflussen, verband mit dem Studium damals aber sehr stark die Beschäftigung mit Einflüssen der Wirtschaft auf den Konsumenten, respektive das Individuum. Den Einfluss des Individuums auf die Wirtschaft durchdachte ich nicht. Ich reduzierte den Studiengang jedoch auch nicht darauf, zu lernen, wie die Wirtschaft uns beispielsweise durch Werbung manipuliert und welche psychologischen Knöpfe dafür gedrückt werden müssten. Die genauen Inhalte ließ ich mir offen, schließlich war es der einzige Studiengang, bei welchem mein Herz schneller schlug, als ich die ersten Beschreibungen las. Auch die herzliche Empfehlung einer Bekannten und die überaus schönen Räumlichkeiten trugen zur endgültigen Entscheidungsfindung bei, obwohl ich nicht sicher sein konnte, was mich erwartete (Ich denke, dass kann man nur bei einer geringen Menge an Studiengängen). Glücklicherweise hielt man mich davon ab, mir ein allgemeines Buch zur Einführung in die (gängige) Wirtschaftspsychologie zu kaufen, dieses hätte womöglich das Interesse an der Wirtschaftspsychologie zunichte gemacht.

Ich blieb also einfach bei meinen unvoreingenommenen Erwartungen und Vorstellungen über das Bevorstehende und ließ keine wirtschaftspsychologischen Einführungen nach quantitativer Art mein Bild verrücken, oder die Vielfalt, welche mich mit Beginn des Studiums traf, schmälern. Ich bewarb mich also für einen Studienplatz und las danach wiederholt die Vorstellung der Hochschule und des Studiengangs auf der Website der BSP und wurde so noch überzeugter von meiner Entscheidung, ebenfalls neugieriger auf diese Wirtschaftspsychologie. Die Ausrichtung der Modulgruppen auf die fünf großen Arbeitsfelder gefiel mir gut. Ideen zu den Tätigkeitsbereichen, und was diese meinen könnten, hatte ich, jedoch kein geprüftes Wissen oder Erfahrungen und hielt mir so die genaue Überlegung zum späteren Beruf fürs erste frei. Die Möglichkeit des Personalmanagements bestand ja. Zwar wusste ich mit Begriffen wie ‚Kulturpsychologie‘ nicht viel anzufangen, so schien doch das Fach und die Hochschule immer vielseitiger und lebendiger. Diese Sichtweise hat sich im Verlauf der 1. Semesters nicht nur halten können, sondern wurde um ein Vielfaches übertroffen.

Zu Beginn fühlte ich mich ein wenig ertappt. Im ersten Seminar zur Einführung in die Wirtschaftspsychologie begann auch ich direkte Handlungsvorschläge zur Behandlung des Problems mit dem Dresscode zu sammeln. Im Nachhinein habe ich mich gefragt, wieso ich in diese Falle getreten bin. Immerhin studiert man drei Jahre für einen ersten anerkannten Abschluss und kann nicht von Beginn an wissen, was zu tun ist. Im weiteren Verlauf verstand ich aber, dass ich gar nicht anders konnte, so wie die anderen auch. Man wird etwas gefragt und jeder glaubt, ein bisschen psychologisch denken zu können und somit als neutraler Betrachter passende Vor- und Ratschläge geben zu können. Die Frage ist dann natürlich, wozu man Psychologie studiert, wenn man sich die Inhalte auch durch Lesen und Auswendig Lernen in gängigen Fachbüchern aneignen kann. Dass Kontext und Zusammenhänge und eine damit verbundene umfassende Unternehmens-kulturanalyse erforderlich sind, ist eine Idee, auf die ich leider (so glaube ich zumindest) nicht gekommen wäre. Nach den ersten Wochen wurde mir klar, dass die Erteilung sofortiger Maßnahmen nach Art des Lehrbuchs oder die Selbstauskunft als Lösungsweg in wirtschaftspsychologischen Kontexten der heutigen Zeit keine Seltenheit ist. Andernorts wird Wirtschaftspsychologie auf diese quantitative Art gelehrt. Ob ich an einer solchen Hochschule die Methoden und die zugrunde liegenden Auffassungen hingenommen hätte oder ob ich mich nach gegensätzlichen Positionen umgesehen hätte, würde ich durchaus gerne wissen. Nun bin ich aber glücklicherweise in der Lage, beide Seiten kennen zu lernen und abzuwägen. So kommt auch die Vielfalt zustande, vor welcher ich immer wieder stehe und staune. Wie konträr manche wissenschaftlichen Herangehensweisen sind und wie unterschiedlich die Schlussfolgerungen und Erkenntnisse. Ich rechnete vor Beginn des Studiums nicht damit, so viele verschiedene Psychologiekurse zu haben. Nun verstehe ich auch, weshalb die BSP ,Psychologen *für* die Wirtschaft' ausbildet. In wenigen Monaten lernte ich verschiedene Psychologieansätze, wie die morphologische, die allgemeine und die biologische kennen.

Mit steigender Bewunderung verfolgte ich das Seminar zur Einführung in die Wirtschaftspsychologie und die sich mir auftuende Vielfalt der tiefenpsychologisch-morphologischen Untersuchungen. Dass es dabei um die gewöhnlichsten Dinge, wie Schokolade essen und Aufzug fahren gehen kann, habe ich schnell verstanden und die damit zusammenhängenden ,Umpark-Vorgänge im Kopf' akzeptiert. Durch die Begegnung mit dieser alltagsnahen und lebhaften Psychologie, begann ich auch meinen privaten Alltag neu zu entdecken, sei es, dass ich mich nun in einer Situation befand, welche wir bereits in Erlebensprotokollen ausführlich beschrieben und besprochen hatten, oder in einer, über welche ich gerne tiefenpsychologische Untersuchungen lesen würde, wenn nicht sogar eines Tages selbst eine solche durchzuführen. Öfter war ich nun mit dem anderen Bild auf eine Situation, eine Marke oder ein Produkt konfrontiert, hatte man doch sein gesamtes, wenn auch noch nicht allzu langes Leben bestimmte Grundsätze unwissend festgeklopft und viele Details außer Acht gelassen. Zusätzlich stoße ich immer wieder auf Wörter wie: Bild, Gestalt, Alltag oder (Kunst-)Werk, welche ich in einem völlig veränderten Licht sehe. Schließlich sind dies Begriffe, die in der morphologischen Psychologie eine wichtige Funktion besitzen. Auf ein Alleinnutzungsrecht besteht diese Psychologie sicher nicht, sind es doch geläufige Begriffe, die man im Alltag verwendet und sich die morphologische Psychologie als Alltagspsychologie versteht.

Auch die quantitative Psychologie begegnet mir weit verbreitet in den Meinungsumfragen, welche ich beispielsweise einige Male für eine Agentur durchgeführt habe. Jeder kann mit diesen Fragebögen arbeiten: sie enthalten schließlich nur ein paar simple Fragen, Skalen und abgestufte Antwortmöglichkeiten. Es ist sicher einfach, aber ob es wirklich den gewünschten Erfolg hat?

Ich nehme die Wirtschaftspsychologie also mit in meinen gelebten Alltag, ich denke über morphologische Ansätze nach und bin konfrontiert mit statistischen Fragebögen.

Das Studium und die Inhalte bleiben also nicht in der Hochschule, ich habe sie stets bei mir und öfter die Zeit, sie zu hinterfragen, mir selbst zu erläutern oder mehr darüber zu lesen. Als es um das ‚Umparken im Kopf' ging, bekam ich zwar keine Angst, erwartete jedoch trotzdem ‚mehr' Umbruch in mir, als ich bis jetzt spürte. Bei manchen Kommilitonen sah ich den Widerstand gegenüber den Methoden und bestimmten Ergebnissen. Einige dieser Ergebnisse waren für mich leicht zu akzeptieren, wie die tiefenpsychologische Untersuchung zum ‚Flirtspiel', manch andere, wie der Verwendungszweck des Fruchtquarks, schwerer zu verarbeiten.

Gerne würde ich manchmal die kulturpsychologisch-tiefenpsychologisch-morphologische Sichtweise vor Freunden oder meiner Mutter erklären, diese Möglichkeit, respektive dieser Einfall bleibt aber auch nur kurz erhalten. Ich spüre dann das Gefühl, einen Schatz in mir zu tragen, welcher einigen bekannt ist, der breiten Masse aber unbekannt. Nie hätte ich vor dem Studium geglaubt, dass das Wissen und die Geschichten, welche ich mit nach Hause nehmen würde, so etwas Besonderes und wichtiges für mich wären. Gleichzeitig sind diese für mich so andersartigen, mit einer gewissen Veränderung einhergehenden Inhalte (Ursache des Dresscode-Problems) und Fragestellungen (Was hat das Seelische vom Schuhe binden?) für Nicht-Wirtschaftspsychologen in einem Small-Talk oder auch einem Gespräch beim gemeinsamen Essen schwer bis unmöglich begreifbar zu machen. Sie bleiben somit vorerst in meinem Kopf und können in den nächsten Jahren ausführlich und umfassend bearbeitet werden.

Auch fände ich es interessant, irgendwann mit quantitativ arbeitenden (Wirtschafts-)Psychologen, welche sich auch ausführlich mit der tiefenpsychologisch-kulturpsychologisch-morphologisch ausgerichteten Psychologie beschäftigt haben, sprechen und diskutieren, weshalb sie sich für die quantitative Vorgehensweise entschieden haben. Im Moment fühle ich mich aber zu sehr als Laie und (noch) nicht bereit, um in größere Diskussionen einzusteigen. Die Fragen brennen trotzdem: Liegt es am Unwissen über die Details, vielleicht doch über die bloße Existenz dieser Psychologie? Ist es ein Mangel an Interesse, sich noch über den quantitativ-naturwissenschaftlichen psychologischen Tellerrand zu beugen? Sind es wohl überlegte Argumente, welche gegen die morphologische Psychologie sprechen? Ist es eine Angst vor dem anderen, dem nicht weit verbreiteten?

Wie meine ersten Vorstellungen über die Wirtschaftspsychologie, erscheint auch der anfänglich von mir stark favorisierte Beruf der Personalmanagerin zu flach und zu einfach, obwohl auch das nur Eindrücke sind und ich noch nie gesehen habe, wie der Berufsalltag einer gemeinen Personalmanagerin nun aussieht. Andererseits fehlt es noch an Mut, um zu sagen, dass ich später selbst tiefenpsychologisch-kulturpsychologisch-morphologisch ausgerichtete Studien und Analysen durchführen werde. Meine Frage nach bestimmten Voraussetzungen, Talenten, Eigenschaften oder Begabungen für eine solche Arbeit hat sich nach wie vor nicht beantworten lassen. Natürlich muss man die psychologische Haltung nicht bloß erlernen, sondern sie sich durch Übung aneignen. Aber das erklärt bei weitem nicht alles. Ich vertraue einfach darauf, dass sich alles fügen wird, spätestens bis zum Praxissemester. Da ich im ersten Semester bereits sehr viel erfahren habe, werden drei weitere Semester sicher dabei helfen, die Anwendungsbereiche noch klarer zu strukturieren und mit Inhalten zu füllen. Dadurch, dass ich bei Entdeckung des Studiengangs sehr schnell mehrere Anwendungsfelder erfasste, war ich nicht der Meinung, dass man Wirtschaftspsychologie studiert, um „ein" Wirtschaftspsychologe zu werden. Der Laie konnte sich nach spontaner Überlegung die Anwendung in der Werbung und nach etwas längerem Nachdenken auch in der Landwirtschaft vorstellen, was uns alle zugegebenermaßen etwas amüsierte. Verbindet man mit Wirtschaft also das Bewirtschaften von Feldern und womöglich auch Viehzucht ? Ich muss zugeben, dass ich mich an dem Punkt etwas versperrt habe. Mit so etwas wollte ich wirklich nicht als zukünftige Wirtschaftspsychologin in Verbindung gebracht werden. Aber auch ich habe vor Beginn des Studiums Wirtschaft und ihre Kontexte vor allem, (anstatt auf die Landwirtschaft) z.B. auf Marken(-Wahn) und Konsumverhalten bezogen. Die Reichweite wirtschaftlicher Kontexte war mir nicht bewusst. Die Wirtschaftspsychologie kann die ganze Wirklichkeit behandeln, vorausgesetzt eine wirtschaftspsychologische Fragestellung liegt zugrunde. So habe ich als Laie die

Möglichkeit der wirtschaftspsychologischen Tätigkeit weitreichender als der Nicht-Wirtschaftspsychologe unseres Gespräches eingeschätzt und trotzdem nicht weit genug. Selbst für einen nicht morphologisch arbeitenden Wirtschaftspsychologen, sollte das vermeintlich simple Geschehen, einen Kaffee zu trinken, ein für ihn interessantes, zu untersuchendes Phänomen sein, folglich natürlich mit seinen eigenen Methoden. Die Vielfalt der behandelbaren Objekte in der Wirtschaftspsychologie begegnete mir zwar als etwas neues, war aber schnell sehr einleuchtend. Dadurch war es für mich dann einige Zeit später auch leicht zu begreifen, dass ein Wirtschaftspsychologe nicht nur in verschiedenen Arbeitsfeldern, sondern überall in wirtschaftlichen Kontexten (außer in der Psychotherapie) tätig sein kann. Es ist einerseits beruhigend, zu wissen, dass sich einem nach Abschluss des Studiums viele Möglichkeiten bieten. Aus eigenem Erkenntnisinteresse kann man so aus einer Vielzahl wählen, und weiter suchen, wenn ein Versuch aus unterschiedlichen Gründen gescheitert ist. Andererseits steht man, wie so oft heutzutage, vor einer zu großen Auswahl. Die Festlegung auf eine Methode ist in dieser Hinsicht sicher hilfreich. Da aber der Unterschied zwischen quantitativen und qualitativen Wirtschaftspsychologen als sehr gravierend einzustufen ist, ergibt sich so die Frage, ob wirklich jeder Bereich in naher oder ferner Zukunft mit qualitativ ausgerichteten Wirtschaftspsychologen arbeiten wird. Ich möchte mich nicht gezwungen sehen, quantitativ zu arbeiten, wenn ich mit Begeisterung qualitativ arbeite und mich dieser Auffassung auch verpflichtet fühle oder den Einlass zu bestimmten Bereichen, einzelnen Aufträgen verwehrt zu bekommen, weil die ‚andere' Wirtschaftspsychologie gewünscht wird. Könnte man den Laien doch bloß in wenigen Minuten die Vorteile, die Wissenschaftlichkeit und den Nutzen der tiefenpsychologisch-morphologisch-kulturpsychologisch ausgerichteten Wirtschaftspsychologie deutlich machen. Die Entscheidung der Methode ist bei mir also bereits gefallen, unmerklich aber bestimmt, seitdem ich es mir eingestanden habe. Trotz großer Zweifel an den Chancen und der Akzeptanz am Arbeitsmarkt, wo dies doch vor Beginn des Studiums ein solch wichtiger Punkt war. Der weit verbreitet vielversprechende, gerade zu schillernde Begriff ‚Management' lässt sich schließlich nun (außer ich gelange durch noch zu klärende Gründe doch ins Personalwesen) aus meinem zukünftigen Arbeitsplatz streichen. Wo und was ich qualitativ machen möchte, wird sich mit fortschreitenden Semestern ergeben. Wie sich gezeigt hat, gibt es auch in der qualitativen Forschung verschiedenste Abzweigungen, mit sich zum Teil ausschließenden Verfahren. Im Moment steht fest, dass ich Absicht und Wirkung in Einklang bringen möchte, ob nun bei der Entwicklung eines Werbespots, einer Unternehmenskulturanalyse oder womöglich im Bereich des Coaching. Dass meine favorisierte Psychologie nun wirklich ‚kulturpsychologisch-tiefenpsychologisch-morphologisch, ausgerichtet ist, welche Begriffe was genau ausschließen und was miteinbeziehen und wie sie sich ergänzen, wird sicher in den nächsten Semestern eindeutiger. Ich bin in diesem Punkt keinesfalls alleine und mache mir darum keine Sorgen. Auch meine Gesprächspartner waren sich nicht sicher in der Verwendung der jeweiligen Begrifflichkeiten, vor allem mit der „Morphologie" tut man sich noch etwas schwer. Der Nicht-Wirtschaftspsychologe schaute sehr verdutzt, da er diesen Begriff von der Kunstlehrerin und auch aus dem Deutsch-Unterricht kannte und ihn sich in einem wirtschaftspsychologischen Kontext kaum vorstellen konnte.

Dass wir uns nicht beinahe im ‚zweiten Wagon', sondern am Beginn der (wirtschaftspsychologischen) Spirale befinden, beruhigt mich. Da ich sowieso noch nie eine große Affinität zur Mathematik hatte, war es für mich umso komplizierter, bei den Themen mitzukommen, die stetig aufeinander aufbauten und ich große Wissenslücken hatte. Ich denke, dass die Spirale des Lernens so etwas ausschließen kann. Wenn ich einen Text heute lese und nicht verstehe, ist das kein Grund für Verzweiflung, in einem Jahr lese ich ihn noch einmal und verstehe ihn dann womöglich schon viel besser. Diese Erfahrung habe ich bereits mit einem Artikel gemacht, welcher mich zu Beginn des Moduls ‚Qualitative Methoden' sehr verwirrte. Vor einigen Tagen war es bereits sehr viel angenehmer diesen zu lesen und ich verstand mehr als nur ‚Bahnhof'. Während meine an der Diskussionsrunde beteiligten Gesprächspartner eher noch dabei sind, zu akzeptieren, dass wir vor allem die vielfältigen Methoden, statt vorgeformtes Wissen aus Büchern gelehrt bekommen, schätze ich diese Spirale aus bereits erwähntem Grunde, so wie auch aus purer Neugier. So sind die Kommilitonen erleichtert über ‚simple und klar strukturierte' Klausuren wie für das Modul Betriebswirtschaftslehre. Auch wenn diese Wissenschaft tatsächlich zu den Geisteswissenschaften gezählt wird, erscheint sie mir so rational und einheitlich wie eine Naturwissenschaft. Natürlich gehört ein solches Modul zum Kursplan dazu. Doch das Auswendiglernen und danach wieder vergessen, ist für mich eher Müßiggang, wohlwissend dass es dazugehört. Natürlich weiß ich, dass ich nicht die einzige bin, welche so fasziniert von der morphologischen Psychologie ist, welche kein Problem damit hatte, sich auf eine Spirale des Lernens einzustellen und die Entscheidung für eine qualitative Psychologie bereits nach dem 1. Semester getroffen hat. In meinem eigenen Kurs stehe ich damit vielleicht auch nicht alleine da.

Mein Bild von Wirtschaftspsychologie hat von schwachen Vorahnungen und vereinzelten Überlegungen viele Seiten dazu gewonnen: manche sind bereits klarer, ein paar noch etwas undurchsichtig, schwammig. Ich sehe auf jeden Fall die Vielfalt und die Lebendigkeit der Inhalte des Studiengangs, wie auch der späteren Tätigkeiten. Um auch noch einmal meine vor einem Studium gelegten Schwerpunkte für eine Entscheidung zu reflektieren, komme ich an dieser Stelle noch einmal auf sie zurück: Durch die Ungewissheit über meinen späteren Arbeitsplatz, womöglich Arbeitsplätze, habe ich noch keine exakt beschriebenen Gehaltsvorstellungen. Ich lasse diesen Punkt auch keinesfalls aus den Augen, er ist jedoch in den Hintergrund getreten. Und wieso das ? Weil ich nie geglaubt hätte, dass ich während dem Studium so begeistert von den Inhalten bin, sodass diese Frage tatsächlich hintergründig wird. Jedoch tritt sie auch nur in den Hintergrund und verschwindet nicht. Sicher bin ich mir darin, dass ich einen Studiengang meinen Veranlagungen und Neigungen angemessen gefunden habe, mehr noch als ich es davor für möglich gehalten hätte. Ich bin erstaunt, wie viel Neues ich in einem Semester gelernt habe und was da noch alles kommen mag, um mein Verständnis von der Wirtschaftspsychologie zu verfeinern und zu vertiefen.

2. Herausarbeitung und Vergleich des Themas ‚Werbepsychologie' in zwei Fachbüchern zur Einführung in die Wirtschaftspsychologie

Im Folgenden werde ich Inhalte und Klassifikationen der „Psychologie der Werbung" aus zwei verschiedenen Fachbüchern darstellen und diese miteinander vergleichen. Beide Bücher verstehen sich als eine Ein- bzw. Hinführung zum Thema der Wirtschaftspsychologie und stellen dabei verschiedene Konzepte, Methoden und Anwendungsfelder der Wirtschaftspsychologie vor. Es handelt sich hierbei zum einen um das Standardlehrbuch „Einführung in die Wirtschaftspsychologie" des emeritierten Professors Günther Wiswede, dessen erste Ausgabe 1991 erschien, und um das von Prof. Dr. Spieß herausgegebene Werk „Wirtschaftspsychologie Rahmenmodell, Konzepte, Anwendungsfelder", welches 2004 erschien.

Wiswede nimmt in seinem Kapitel zur Psychologie der Werbung eine Kategorisierung ihres Wirkungsraums vor, wobei fünf Dimensionen unterschieden werden. Die ersten drei behandeln vorrangig die Forschung zur Werbung als Marketinginstrument, während die letzten beiden Punkte, vor allem der letzte, Nachwirkungen und Einflüsse der Werbung auf die Gesellschaft aufzeigen. Es wird kurz auf die Forschungsentwicklung zur Psychologie der Werbung eingegangen. Sie habe sich als eine nahezu unabhängige Disziplin entwickelt. Wiswede betont, sie sei durch eine Vielzahl an intelligenten Techniken „(…)ausgesprochen methodenorientiert" (2012, S.311). Jedoch erwähnt er auch, dass die grundlegenden gestaltpsychologischen Theorien, unter denen die Forschungstechniken sich entwickelten, heute kritisch zu betrachten sind. Die moderneren Konzepte konzentrieren sich auf die Kommunikationserforschung der Werbung. (Vgl. Wiswede, 2012, S. 311)

Die Kommunikation ist ebenfalls die erste Dimension, in der die Werbung wirkt. Sie soll nach dem Anliegen der Macher informieren, viel mehr aber noch auf den Rezipienten einwirken, sodass die Gewinnerhaltung oder -steigerung des angeworbenen Produkts unterstützt wird. Sie ist also grundsätzlich als eine besondere Form der Kommunikation zu verstehen. Hier betont Wiswede, dass durch neuere Forschungsergebnisse die Überzeugungen der „Allmacht der Werbung (…) [und des] Mythos vom manipulierten Verbraucher" (2012, S.312) revidiert werden können. Dass Werbung nur durch verschiedenste Abstufungen wirken kann, und mehrheitlich gelernte Werte und Normen stabilisiert, wird in der 4. Dimension ‚Werbung und Meinungsführer' von ihm erneut aufgegriffen.

Um den Wirkungsweg der Werbung in seinen einzelnen Schritten darzustellen, führt er einige Modelle an, welche vom Wahrnehmen der Werbung bis zum tatsächlichen Kauf des angeworbenen Produkts die verschiedenen Abschwächungen und Hürden der Werbewirkung aufzeigen. Demnach muss unterschieden werden, wie aufmerksam der Rezipient ist, des weiteren wie angesprochen, respektive involviert er sich von der Werbung fühlt. Ist die Involvierung des Empfängers gegeben, beginnt meist ein kognitiver Verarbeitungsprozess. Im Falle schwacher Involvierung des Rezipienten werden dagegen emotionale Abläufe bei diesem ausgelöst. Ob die Werbung von Beginn an auf der Gefühls- oder der Gedankenebene ansetzt, ist ebenfalls von Bedeutung für die Wahrnehmung und Bewertung dieser.

Dass man sich an die Werbung erinnert, kann bei diesen Abläufen sehr unterschiedlich ausfallen. Eine erfolgreiche Werbung kann man demzufolge nicht nur dadurch definieren, dass man sich an sie erinnert, so Wiswede (2012, S. 312). Des weiteren reicht auch der Involvierungsgrad des Rezipienten nicht als Richtlinie für Werbemacher aus. Dieser bildet sich subjektiv und kann von Tag zu Tag unterschiedlich sein, beispielsweise durch einen geplanten Kauf oder andere persönliche Motivationslagen. Er ist somit nicht allgemeingültig.

Im zweiten Punkt geht es um die das Erinnern an Werbebotschaften zum Zwecke der Werbeziele. Die dazu gehörige recht einfache Methode verdeutlicht Wiswede anhand einer Grafik nach Zielske von 1959. In dieser wird sehr häufig gesehene Werbung mit weniger häufigen Wiederholungen verglichen. Der Grad des Vergessens liegt bei der häufigen Wiederholung höher, als bei zeitlich gedehnten Wiederholungen. Den gewünschten Effekt erhält man somit also durch weniger häufige aber trotzdem regelmässige Wiederholungen. Wiswede führt zu dieser Grafik jedoch einige zu beachtende Punkte mit an. Zum Zwecke des Erinnerns gäbe es für Werbung also keinen Punkt, an welchem sie nicht mehr nützlich ist. Gleichzeitig kann jedoch ein innerer Abwehreffekt gegen das ständig gleiche Gesehene entstehen. Durch verschiedene Varianten und Abänderungen der Werbung kann dieser Abwehrhaltung entgegengewirkt werden. Unumstritten scheint die Bildhaftigkeit der Werbung einer ihrer wichtigsten Erfolgsmarker zu sein. Ein Überfluss an Informationen oder schwer verständlicher Wörter werden im Vergleich zu visueller, anschaulicher Werbung wesentlich schneller vergessen.

Die dritte Dimension behandelt die Methoden zur tatsächlichen Kaufmotivation. Die sogenannte „(…)Aktivierung des Verhaltens" (Wiswede, 2012, S.316) in einer Werbung, beispielsweise durch eine Überraschung, Besonderheit oder Authentizität, muss deckungsgleich sein mit den Kaufgründen des angeworbenen Gegenstandes. Man kann sich dabei einer Vielzahl an menschlichen Bedürfnissen bedienen. Genau so wichtig ist die klassische, wie auch die instrumentelle Konditionierung durch Werbebotschaften. Bei der klassischen Konditionierung wird in der Werbung ein neutraler Reiz mit einem bekannten positiven, z.B. einem Bild oder einer Melodie, verknüpft. Die instrumentelle Konditionierung gibt bestimmte positive Versprechen ab oder zeigt auf, wie das Produkt Unerwünschtem entgegenwirkt.

Im 4. Punkt geht Wiswede ausführlicher auf die anfangs aufgegriffene Frage, nach der ‚Macht der Werbung' ein. Die dazugehörig berühmte Theorie des „two-step-flow of communication" (Lazarsfeld et al. 1948, Katz/Lazarsfeld 1955), welche von sogenannten Meinungsführern, die die Bevölkerung beeinflussen, ausgeht, wurde nach und nach mit weiteren Kategorien, wie z.B. „[…]opinion askers und silenters" (Wiswede, 2012, S. 317) versehen und somit sehr verändert. Des weiteren sei es zu komplex, die sogenannten Meinungsführer zu bestimmen. Somit habe sich die Aussagekraft der ursprünglichen Theorie verloren. Dass Werbung jedoch nie direkt auf ein Individuum Einfluss nehmen kann, sondern durch zahlreiche soziale Abwandlungen und Anpassungen geht, ist nach wie vor unumstritten. Kommunikation zwischen Konsumenten bleibt ein erwiesener äußerst wichtiger Punkt. Der interpersonelle Austausch gewinnt heute außerdem an großer Bedeutung durch zunehmende Nutzung des Internets. Konsumenten können sich nicht nur informieren, sondern interaktiv austauschen. Dies impliziert einen Verlust an Macht für die Werbebranche.

Zuletzt werden weitere Auswirkungen der Werbung auf die Gesellschaft thematisiert. Diese wurden unterschiedlich untersucht, wobei Langzeiteffekte noch nicht prognostizierbar sind. Jedoch sei man sich einig, dass Werbung beständig aber dezent gesellschaftliche Standards verschiedenster Art variieren kann, sei es nun diese zu erhärten oder zu schwächen. In der Werbung dargestellte Stereotypen und Klischees werden ebenfalls lebendig gehalten, allgemeiner liefert die Werbung ein Bild bestimmter Erwartungshaltungen und Verbraucherstandards. Wiswede betont jedoch, dass Werbung nicht der einzige Faktor sei, nachdem sich diese Standards entwickeln. Man könnte sagen, dass die Werbung sich an den Geist der Zeit anpasst und mit diesem mitgeht. (2012, S. 320).

Im zweiten Buch ‚Wirtschaftspsychologie Rahmenmodell, Konzepte, Anwendungsfelder' wird die Psychologie der Werbung von Prof. Dr. Spieß auf fünf Seiten behandelt. Drei Unterkapitel werden dabei unterschieden.

Als erstes wird auf die Funktion der Werbung eingegangen. Innerhalb des Marketingbereichs eines Unternehmens wäre die Werbung mit weiteren Größen unter der „[…]Kommunikationspolitik" (Spieß, 2004, S. 104) zu verorten. Die Psychologie der Werbung sei keinesfalls parteilos. Sie will einwirken und überzeugen. Da Werbung zur Normalität geworden ist, spielt das Bild der Werbung als Übermacht, welche den Konsumenten beherrscht, heutzutage keine Rolle mehr. Spieß führt zwei äußerst simple Schemata zur Werbewirkung an. Sie zeigen nach Spieß, dass Werbemacher einen logischen und einfachen Topos wollen, nach welchem sie gestalten können. Die bildliche Darstellung wird bei Spieß, gleich bei Wiswede, hervorgehoben, da sie die informationsbeladenen Texte in ihrer Bedeutung übertrifft. Aufmerksamkeit, als ein wichtiger Faktor für die Wahrnehmung und Verarbeitung von Informationen, ist der erste und bedeutsame Schritt für die Werbegestaltung. Durch Erfahrungen und bereits gelerntes Wissen richten wir unsere Aufmerksamkeit auf Bestimmtes, wobei nicht jeder Reiz berücksichtigt werden kann. Besondere physiologische Zustände, wie auch charakterliche Ausprägungen können aber ganz subjektiv unsere Wahrnehmung lenken. Dies wird in einem zitierten Experiment verdeutlicht. In diesem wurde gezeigt, dass schon ein simpler physiologischer Zustand wie Hunger unsere Aufmerksamkeit lenkt, sodass Aufmerksamkeit des Rezipienten keinesfalls durch Formeln der Werbepsychologie erlangt werden kann, sondern vielmehr interindividuell und zustandsabhängig sei. Wie auch Wiswede betont, ist die Aktivierung mit Motiven in der Werbung bedeutend für ihre Wirkung. Spieß unterscheidet jedoch in primäre, physisch geleitete, und sekundäre, psychisch geleitete Motive. Die klassische Konditionierung durch Werbung kann schließlich neutrale Produkte mit positiven Gefühlen verknüpfen, während die instrumentelle, welche Spieß aber nicht explizit unterscheidet, positive Nutzenversprechen abgeben kann. Was nach Spieß jedoch ein entscheidendes Kriterium darstellt, ist der Erinnerungseffekt. Nicht nur die Häufigkeit des gesehenen Materials trägt dazu bei, inwieweit es im Gedächtnis gespeichert wird, sondern z.B. auch die visuelle Gestaltung und die Verständlichkeit.

Im zweiten Punkt geht Spieß auf die verschiedenen Wege der Werbewirkung ein. Sie stellt das bei Wiswede bereits angeführte 'Elaboration-likelihood-Modell' nach Petty/Cacioppo von 1986 (2004, S.107) vor, welches von zwei Wegen bei der Konfrontation mit Werbebotschaften ausgeht. Weitergehend bezieht sich Spieß auf Wiswedes ‚Modell der Werbewirkung' (2004, S.107, Abb. 39), welches zusätzlich eine Unterscheidung der Reizart der Werbung vornimmt und fasst zusammen, dass Werbung bei geringer Aufmerksamkeit, respektive Interesse, ihre Wirkung durch Konditionierung und massierte Wiederholung erhält. Bei hoher Aufmerksamkeit benötigt sie jedoch überzeugende Argumente für das Produkt (Vgl. Spieß, 2004, S. 108).

Als letzte Vertiefung zitiert Spieß eine Studie über 70 Jahren von Leiss, Kline und Jhally von 1986, welche die Entwicklung vorherrschender Werbetechniken in den USA darstellt. Nach den rationalen, argumentierenden Werbungen kam „Die Methode der Verunsicherung (…)" (Spieß, 2004, S. 108) auf, welche aber durch die damit verbundenen negativen Gefühle relativ erfolglos blieb. Einen großen Zuwachs hat die Werbung mit der Nutzung von Berühmtheiten, Fachpersonen oder gemeiner Bevölkerung erlebt, welche ein Produkt aufgrund der Qualität empfehlen und dafür ‚garantieren'. Auf der Gefühlsebene ansetzende Werbung verzeichnet jedoch den höchsten Anstieg, da zwischen den Produkten auf dem modernen Markt oft nur noch minimale Unterschiede herrschen. Durch die emotionale, positive Art der Werbung versucht man das Produkt von den anderen abzugrenzen und besonders für den Konsumenten zu machen. Abschließend zum Kapitel beschreibt Spieß den gelungenen Werbefeldzug der Firma ‚Nike' Ende des letzten Jahrhunderts. Dieser hätte mit den richtigen Strategien und Texten gearbeitet und sich passend an der damaligen Zeitströmung im Bezug auf das Frauenbild orientiert.

Der inhaltliche Vergleich beider Kapitel zum Thema der Werbepsychologie führt nicht zu sonderlich abweichenden Ergebnissen. Völlig konträre Auffassungen fanden sich nicht, wobei die Kategorisierung von Werbung in beiden Kapiteln unterschiedlich ausfällt. So ordnet Spieß die Werbepsychologie einleitend als einen Teil der Kommunikationspolitik eines Unternehmens ein, welche wiederum zum Marketing gehöre. Wiswede hingegen schreibt der Psychologie der Werbung fünf Wirkungsräume, respektive Felder zu, wobei er sich zwar der absatzdienlichen Forschung, aber auch den Effekten auf Kultur und Gesellschaft zuwendet. Zu Beginn erhält man den Eindruck, Wiswede wäre sich zwar der ökonomischen Bedeutung für die Forschung der Werbung bewusst, würde die Thematik aber trotzdem mehrheitlich von seinem psychologischen Standpunkt aus behandeln. Ob man die Psychologie der Werbung wie Spieß von einem vorrangig ökonomischen Standpunkt betrachtet oder sich ihrer in einer naturwissenschaftlich-psychologischen Weise nähert, ist nicht in erster Linie falsch, sondern aus unterschiedlichen Blickwinkeln zu betrachten. Für eine grundlegende naturwissenschaftliche und quantitative Einführung in die Psychologie der Werbung eignet sich das Kapitel Wiswedes jedoch sicherlich besser, da die Dimensionen des Wirkungsraums der Werbung um einiges ausführlicher und inhaltlich jeweils tiefergehender sind als bei Spieß. Jeder inhaltlich relevante Punkt bei Spieß lässt sich bei Wiswede differenzierter finden, so schneidet Spieß manch bedeutende Begriffe nur kurz an und erklärt diese nicht weiter. Der ‚Motivation und Konditionierung, beispielsweise widmet Wiswede ein ganzes Unterkapitel, während Spieß zu diesen Fachbegriffen nur wenige Sätze verliert. Dies mag sicherlich auch an der Länge und Ausführlichkeit der beiden Kapitel liegen. Welche Absichten der jeweilige Autor verfolgt hat, ob er bloß einen kleinen Überblick oder eine grundlegende Einführung geben wollte, ist nicht ersichtlich. Dadurch, dass ich das Kapitel von Wiswede zuerst las, konnte ich bei Spieß sehr gut folgen. Während sich das Kapitel von Spieß wie die Darstellung der Werbepsychologie aus der Sicht eines psychologisch mehr oder weniger unerfahrenen Betriebswirts oder Wirtschaftswissenschaftler liest, so findet man bei Wiswede wesentlich mehr Anmerkungen zu anderen quantitativ psychologischen Ergebnissen und übergreifenden Inhalten. Sein Buch hakt sich in die Wissenschaftsdiskussion ein: durch zahlreiche Anmerkungen zu anderen Ergebnissen, Vergleichen dieser und Verweis auf eigene Forschungsbeiträge (S. 315) wirkt das Kapitel wesentlich wissenschaftlicher, vor allem aber inhaltsnäher. Der Begriff ‚Psychologie‘, welcher schließlich im Titel beider enthalten ist, wird dem Inhalt bei Wiswede gerechter als bei Spieß. So liest sich sein Kapitel sehr naturwissenschaftlich-psychologisch. Sicherlich muss man aber auch bei

Wiswedes Einführung in die Wirtschaftspsychologie den ein oder anderen Terminus nachschlagen, bevor man flüssig lesen kann. Im Nachhinein hat man bei Wiswede den Eindruck, doch einiges aus der groben Entwicklung der quantitativen Psychologie der Werbung erfahren zu haben. Interessant erschien mir der abschließende Teil von Wiswedes Kapitel: Auswirkungen auf Gesellschaft und Verhalten, sowie die Entwicklung der Werbung in Zeiten des Internets hätte ich gerne vertiefend gelesen.

Oftmals las ich eine gewisse Verzweiflung, respektive ein kleines Dilemma heraus, welches darin besteht, alle Aspekte greifbar in allgemeingültige Formeln und Modelle packen zu wollen, dieses aber immer wieder scheitern zu sehen, durch Falsifikationen, gegenteilige Forschungsansätze oder schlichtweg Misserfolg. Ebenso zeitlicher Wandel kann das Modell, welches vor 20 Jahren entstand, revidieren, sodass gesellschaftliche Entwicklung, wie zum Beispiel einen Wandel in der Technologie die quantitative Forschung aufwirbelt und alle Konzepte, nach welchen gehandelt und gestaltet wurde, neu überdacht werden müssten. Die weitgehend unbestrittenen Einsichten, wie z.B., dass bildhafte Werbung die informationsbeladene in ihrer Wirksamkeit übertrifft, haben mich nicht überrascht, sondern wirkten eher banal, zum Teil tatsächlich trivial auf mich. Dies wird an der quantitativ naturwissenschaftlichen Vorgehensweise liegen, welche die Vielfalt des Themas für mich stark einschränkt. Es mag eine verzerrte Denkweise sein, aber nach manchem Lesen war ich der Meinung, sowas hätte ich auch ohne Experimente sagen können. Das Befassen mit den beiden Texten hat mein anfängliches Bild von Wirtschaftspsychologie vor dem Studium und mein jetziges Bild um eine weitere Seite ergänzt, die geläufige und scheinbar weit verbreitete Herangehensweise nach naturwissenschaftlich quantitativem Prinzip.

Bei Gelegenheit kann man dieser Seite weiter nachgehen, um nicht voreilig oder eingeschränkt im Bezug auf seine Auffassung zu sein. Das Lesen der beiden Kapitel hat jedoch nicht dazu beigetragen, mehr über diese Wirtschaftspsychologie erfahren zu wollen.

Schließlich geht es hierbei aber nicht um die Bewertung der Methoden und Auffassungen der Verfasser dieser Einführungen für Wirtschaftspsychologie, sondern um einen Eindruck von der Werbepsychologie, wie sie heutzutage gängig und durchaus verbreitet gelehrt wird.

3.   Umgang mit den 12 ‚Umbildungs-Pflöcken‘

Ich werde mich im Folgenden mit den 12 Pflöcken und meinem Verständnis und Umgang von und mit ihnen beschäftigen. Der 2., beziehungsweise daraus folgende 3. stellt für mich den wohl eindringlichsten, wie auch grundlegendsten Pflock dar. Ich werde deshalb mit ihm beginnen. Es ist für mich sehr schwer, zu unterscheiden, was nun ein gemachtes Konstrukt, also ein Bild, und was eine Lösung für ein Problem ist. Ich möchte dies näher erklären, da ich selbst lange gebraucht habe, bis ich meine Gedanken dazu einigermaßen sortiert und verstanden hatte. Woran mich diese beiden Pflöcke als erstes erinnerten, waren die kleinen Geistesblitze, welche ich einige Male hatte. Sie waren bei weitem nicht so ausformuliert und grundlegend, sondern praxis- und oft einzelfallbezogen. Sie entstanden durch die wissenschaftlichen ‚Befunde‘, mit denen man konfrontiert wird und nach welchen man sich beispielsweise im Bezug auf seine Ernährung richtet. Erst heißt es, zu viel Cholesterin ist schädlich und mein Vater kaufte statt Butter Substitute. Dann hieß es, es sei doch nicht das Cholesterin, sondern der Zucker, der in zu großen Mengen schädlich ist. Nun glaubt man fest, es sei der Zucker. Aber auch dies kann sich wieder ändern, so wie sich bisher alles immer wieder verändert hat. Vielleicht bietet aber eine zuckerreduzierte Ernährung wirklich die Lösung, nämlich das Senken des Risikos für Schlaganfälle. Dies meine ich mit den Lösungen für Probleme. Die Probleme, wie zum Beispiel sich ungesund zu ernähren, existieren, auch wenn sie namentlich hergestellt, also gemacht sind. Ich würde die Existenz und das Vorkommen von Schlaganfällen zumindest nicht leugnen. Das Bild des Schlaganfalls und dessen Auftreten existieren, doch wie die Wahrheit über die Ursachen lautet, ist unmöglich zu erfahren.   Wenn das Weglassen von Zucker oder die Reduzierung in der Ernährung zu einem geringeren Risiko für einen Schlaganfall führt, so stellt dies eine Lösung für ein Problem dar. Oder wenn der anhaltende Stress, welcher in manchen Fällen hauptsächlich Akne bedingt, durch Entfallen die Akne mildert. Es ist eine Lösung, von möglicherweise mehreren und verschiedenartigen, die gefunden wird, um ein Problem zu überwinden oder zu schwächen. Und doch ist es nicht die Wahrheit, es ist ein hergestelltes Konstrukt, sowohl die Akne als eine medizinisch festgelegte Hauterkrankung und der Zucker, eine Zusammensetzung von Atomen, (Atome sind für mich nach dem Pflock bereits wieder ein Bild von etwas) als eine Ursache für Herzerkrankungen. Und in der Zukunft wird der Zucker als Ursache womöglich ersetzt und auch der Stress nicht mehr als Grund für manches Auftreten von Akne gesehen. Dies sind alltägliche Beispiele, an welchen ich, schon bevor ich die 12 Pflöcke der Wirtschaftspsychologie kennenlernte, den Begriff 'Wahrheit' erkundete. Es ist leicht in die Vergangenheit zu blicken und die Veränderbarkeit von Kultur, Welt- und Menschenbildern und Wissenschaft zu erkennen. Und obwohl die Geschichte es zeigt, fällt es sehr schwer, die Zukunft als ebenso wandelbar anzusehen. Folglich muss man auch die Wirklichkeit und ihre heutzutage weit verbreiteten 'Wahrheiten' anzweifeln. Jedoch sind wissenschaftliche Befunde als Lösung von Problemen für mich nach längerem Überlegen durchaus möglich. Wie wir die Dinge nennen und einteilen, das wiederum ist gemacht. Und die Wahrheit liegt ganz woanders, an einem Ort der uns nie zugänglich sein wird. Ich war anfangs der Meinung, ich hätte den Pflock sehr gut verstanden, da ich mich selbst schon oft gewundert hatte, wie ich von einem Hautarzt zum nächsten geschickt wurde, und immer etwas anderes als Grund für meine Akne determiniert wurde und wie auch meine Mutter von Jahr zu Jahr unterschiedliches als Bedingung anführte, zuerst war es die Pubertät, dann die Ernährung, dann der Stress und nun das Rauchen. Und dann kommen jeden Tag auf der Welt neue Studien, Befunde oder Ideen dazu, man fragte mich, ob ich selbst an einer Studie teilnehmen wollte, sodass ich den Wandel mit vorantreibe. Die Wissenschaft bleibt nie stehen, das ist für mich mühsam doch zugleich ihr wichtigstes Kriterium. Je länger ich aber über diese Pflöcke nachdachte, desto verwirrter wurde ich, glaubte dann wieder kurz, ich hätte meine eigene Meinung dazu nun verstanden und dann wieder nicht. Dass wir es immer nur mit Bildern, welche keine Abbilder sind, zu tun haben, ist als ein prägnanter, kurzer Satz nicht schwer begreiflich für mich gewesen. So gibt es Emotionen nicht, aber das Bild von ihnen. Dies ist aber ein spezieller Fall, da wir Emotionen sowieso als ein immaterielles Phänomen definieren. An einem weiteren materiellen Beispiel will ich es auch noch einmal zeigen: Es fühlt sich komisch und zugleich richtig an, zu sagen, es gibt den Baum nicht, aber das Bild von ihm und das Ding, dass wir so benannt haben und die unterschiedlichen Ausprägungen, die wir alle dem Begriff 'Baum' unterordnen, wie 'Fichten', 'Eichen' und 'Birken'. Doch wenn man versucht, die ganze Wirklichkeit mit dieser Seite zu konfrontieren, fällt es viel schwerer als gedacht. Ich bin also nach wie vor dabei, zu unterscheiden, was nun für mich alles nachvollziehbar zu den Konstrukten gezählt werden kann und wo ich noch Probleme habe, ein Ding, einen Sachverhalt, ein Phänomen als gemacht und veränderbar zu begreifen. Der Prozess, welcher erst nach einiger Zeit einsetzte, ist also noch lange nicht vorbei. Es ist ein Pflock, der einem viel zu knabbern gibt, wenn man, anstelle des simplen Kopfnickens und der Zustimmung, versucht die eigene Wirklichkeit so zu sehen. Ich hoffe ich konnte genügend und verständlich beschreiben, was also Lösungen von Problemen und gemachte Konstrukte für mich sind. Es mag bereits eine leichte Kränkung für den ein oder anderen sein, durch die Auseinandersetzung und Umbildung im Bezug auf diesen Pflock, einige festgefahrene Vorstellungen aufzugeben, respektive den Wahrheitsanspruch folglich loslassen zu müssen. Es fällt bekanntlich nicht schwer, die Meinungen und den Glauben an konträre Bilder und Positionen, als nicht der Wahrheit entsprechend zu betiteln. In der Fremde stellt das kein Problem dar, doch genau so muss man, diesem Pflock und seinem Sinne folgend, den eigenen Überzeugungen ihren Wahrheitsanspruch nehmen und das ist ein großes Problem. Sowohl der morphologisch arbeitende Psychologe, der Mathematiker als auch der Scientology Anhänger müssen das kleine Wörtchen ‚wahr‘ in ihren Weltbildern, Auffassungen und in ihren Forschungsergebnissen weglassen. Folgt man den Inhalten dieses Pflocks und stelle sich vor, die Welt würde vor ihm stehen, wie vor der Verkündung, die Erde sei eine Kugel, wäre das für das menschliche Ego, für die Überzeugung, man selbst habe die bessere Auffassung (die Wahrheit), ein schwerer Schlag. Tatsächlich erinnert es mich ein wenig an die ‚Kränkungen der Menschheit‘. ‚Die Wahrheit kommt immer ans Licht‘ ist ebenfalls eine Floskel, die man nun in einem anderen Licht betrachten kann.

Ich sprach bereits ein Kriterium an, welches ich als durchaus wichtig erachte, um Wissenschaftlichkeit zu gewährleisten. Nämlich das Fortschreiten, das ‚Weiter machen‘, auch wenn man auf Unstimmigkeiten und Probleme stösst und wegen solchen Steinen auf dem Weg nicht aufzugeben. Sich nicht stoppen lassen, obwohl man weiß, dass Wissenschaft als Suche nach der Wahrheit, das Ziel nie erreichen kann und der Weg immer weiter führt, solange Wissenschaft betrieben wird. Ich komme damit also zum 3. Pflock, der für mich weniger ein Pflock, sondern eher eine weiterführende Frage ist. Neben dem ‚Weitermachen‘ in der Wissenschaft, erachte ich es auch als wichtig, sich dem zu untersuchenden Gegenstand als Forscher angemessen zu nähern. So können wir versuchen,

Bäume in ihrem Sinn zu verstehen, doch es braucht für Gegenstände, die uns fremd sind, andere Kriterien, als für welche, die uns gleich sind. Ganz im Sinne Diltheys finde ich eine einheitliche Vorgehensweise, respektive Methode in allen Wissenschaftsdisziplinen unsinnig. So müssen wir uns den Gegenstand der Psychologie nicht fremd machen. Wir haben die Möglichkeit, uns selber besser zu verstehen, als wir einen Baum je verstehen können. Wieso sollten wir uns also uns selbst fremd machen? Meine Gedanken dazu führten noch ein Stück weiter, ein Stück, das mich schon wieder etwas verwirrte, wie auch meine Überlegungen zum 2. Pflock. Seelisches ist in uns, und was ist mit Tieren? Haben sie nicht auch eine Seele? Eine einheitliche Sprache ist nicht gegeben, vielleicht haben sie auch ein anderes seelisches Erleben. Und wenn man noch einen Schritt weitergeht, so lebt auch der Baum und mag eine Seele haben. Ich denke aber, dass man, ob diese Dinge nun auch wie wir leben oder ob sie nur wachsen und sterben, sie nie so verstehen kann, wie wir uns selbst verstehen können. Diese Überlegungen führen mich im Kreis und trotzdem möchte ich sie mit aufnehmen. Die Angemessenheit der Methode zum Gegenstand ist also ein weiteres Kriterium. Das für mich letzte Kriterium ist, dass zum einen die Vielfalt in den wissenschaftlichen Vorgehensweisen gewahrt wird und zum anderen eine gewählte Methode nicht plötzlich abgebrochen, ausgetauscht oder außer Acht gelassen wird. Wissen, was man tut, und auch wenn viele Wissenschaftler vieles verschieden tun, so muss doch jeder seiner Methode treu bleiben. Es wäre fatal, wenn man sich beschränken würde, wenn jeder gleich arbeitet. Und welcher Methode und Auffassung man sich zuordnet, sei jedem selbst überlassen. Aber wählt man eine, so sollte man diese konsequent verfolgen, um die Möglichkeiten, die Vorteile der jeweiligen Methode voll ausschöpfen zu können. Wenn dies erfolgt, ist die Bezogenheit auf seine Methode der Weg dazu, dass der Weg für andere nachvollziehbar ist. Ob diese nun die dahinter liegenden Auffassungen ablehnen oder nicht. In diesem Sinne haben Begriffe wie objektiv oder valide für mich wenig Aussagekraft. Objektiv könnte man, wie ich finde, manchmal falsch verstehen. Ich führte bereits an, dass das ‚seiner Methode treu bleiben', nicht ‚mal so, mal so verfahren', ein wichtiges Kriterium für mich ist. Ich weiß jedoch nicht, ob ich das mit ‚objektiv' übersetzen würde, da das Wort ‚objektiv' sehr in die Richtung deutet, dass in jeder Wissenschaft der Forscher sich den Gegenstand fremd machen *müsste*, was durchaus nicht der Fall ist. Die genannten drei Kriterien stellen für mich also den Grundstein einer wissenschaftlichen Arbeit dar. Da es eben bereits um unterschiedliche Auffassungen und daraus folgende Methoden in der Wissenschaft ging, ist es einfach, an dieser Stelle zum 8. Pflock überzugehen, welcher für mich im 1. Pflock bereits angesprochen wird und einige Pflöcke später grundlegender dargestellt wird. Auch wenn es manchmal heißt, ‚die Wissenschaft' oder ‚Wissenschaftler' haben herausgefunden, so sollte man doch in der Schule bereits damit konfrontiert werden, dass die Chemie alles auf Moleküle, die gesamte Wirklichkeit auf chemische Strukturen untersucht, während die Physik dieselbe Wirklichkeit auf Axiome, respektive Gesetzmäßigkeiten, wie die Schwerkraft untersucht. Ich muss jedoch sagen, dass ich Wissenschaft früher durch genannte Kurse mit naturwissenschaftlichen Fächern wie Physik und Chemie verband. Später hörte man auch von den ‚Sprachwissenschaften' und von der Psychologie, welche sich später ebenfalls als Wissenschaft herausstellte. Der Begriff Wissenschaft hat sich für mich also erweitert, doch das Bild von Wissenschaft als ein einheitliches Gebilde hatte ich bereits durch die Erfahrungen in der Schule nie. Der 8. Pflock bereitete mir deshalb keine Probleme, da ich bis zum jetzigen Standpunkt auf keinerlei Unstimmigkeiten, Konflikte oder sonstiges gestoßen bin. Und dass in der gesamten Zeit Wissenschaft in all ihren Formen betrieben wurde, von unterschiedlichsten Menschen, sich auch innerhalb einer jeden Disziplin unterschiedliche Auffassungen entwickelt haben, ist ebenfalls nichts verwunderliches oder allzu neues für mich. Auch außerhalb der Schule lernte ich innerhalb der Medizin die Allopathie und die Homoöpathie kennen. Für ein Krankheitsbild gibt es also innerhalb der großen Disziplin, nämlich der Medizin, verschiedene Wege, die es zu lindern versuchen und ich bin sicher, dass es auf der Welt noch weitere Methoden gibt, mit zugrunde liegenden Auffassungen, welche den Anspruch haben, ein bestimmtes Krankheitsbild zu mildern oder zu heilen (Nebenbei erwähnt: Hier, wie auch bei manch anderer Stelle, werde ich immer wieder zum 2. Pflock gelenkt, wenn das Wort ‚Bild', ein gemachtes Konstrukt oder eine Lösung für ein Problem auftaucht; der 2. und für mich zusammengehörige 3. Pflock haben tatsächlich den größten Eindruck hinterlassen) . So ist es mir auch schlüssig, dass die Psychologie als eine weitere wissenschaftliche Disziplin, keine Ausnahme darstellt, wie der 1. Pflock festhält. Nach einem Blick auf den Stundenplan des 1. Semesters beziehungsweise auch auf die noch folgenden Kurse, war mir die Reichweite und die markante

Unterscheidung der vielen Psychologin schnell klar. An welchem Punkt nun welche Psychologie in alltäglicher Sprache auftaucht, oft bestimmt in falschem Kontext durch mangelndes Verständnis und ungenügend Kenntnis, (Minderwertigkeitskomplex, Unbewusstsein, Vater-Komplex) werde ich sicher noch genauer erfahren, doch dass bestimmte Begriffe sich in den täglichen Sprachgebrauch eingereiht haben, ohne dass man sich ihrer korrekten Verwendung oder Herkunft bewusst ist, ist für mich nichts Unbegreifliches. Da ich gerade beim 1. Und 8. Pflock wenig Verwunderung, Umbruch oder sonst etwas, das mich zum Grübeln veranlasst, verspüre, knüpfe ich hier am 5. Pflock an. Ich möchte nicht sagen, dass er bei mir nur ein Schulterzucken auslöste, doch bereitet er mir, genau wie der 1. und 8. Pflock keine Schwierigkeiten. Wo liegt denn schließlich die Grenze von alltäglichen Phänomenen, Erscheinungen, Dingen und wissenschaftlichen Erkenntnisobjekten? Die Bezeichnung ‚Atomphysik' mag zwar im ersten Moment so klingen, als wäre sie weit weg von meinem Alltag, doch sie ist genau hier, denn in der Atomphysik erkennt man alles als eine Zusammensetzung von kleinsten Teilchen, den Atomen oder? Sie ist also vor mir, in mir, unter mir, in meinem Alltag (Auch wenn ich mich nie großartig mit ihr als wissenschaftliche Disziplin beschäftigt habe). Auch hier erscheint die weitreichende Bedeutung, respektive der Einfluss des 2. Pflocks: ich sollte demnach vielleicht sagen: Nach dem Bild, dass die wissenschaftliche Atomphysik von der Welt und der Wirklichkeit hat, besteht alles aus einer Vielzahl von Atomen. Womit sollte sich Wissenschaft denn beschäftigen, wenn nicht mit den Phänomenen, denen wir vorwissenschaftlich in unserem Alltag begegnen. Wenn ich nachts in die Sterne schaue, und diesem Phänomen am darauffolgenden Tag als Astronomin nachgehe, so forsche ich unter gesetzten wissenschaftlichen Standards am Alltag. Und wenn Leute behaupten, sie würden die Sterne nie beobachten und deshalb gehörten diese auch nicht zu ihrem Alltag, so sollte man festhalten, dass *All*tag für mich zwar zum einen etwas individuelles ist, zum anderen aber etwas *all*umfassendes.

Genau so gut kann ich mir nachts die Sterne anschauen und am nächsten Tag, nicht als Astronomin, sondern als Psychologin das Phänomen unter einer gewählten Methode erforschen. Ich könnte nach quantitativ-naturwissenschaftlich-psychologischer Art einen Fragebogen zum Erleben und Verhalten beim Beobachten der Sterne konstruieren, oder das ganze in einer qualitativ wirtschaftspsychologischen Weise erforschen, gesetzt eine wirtschaftliche Fragestellung liegt zugrunde. Sofern meine Methode meinem Gegenstand angemessen ist und ich meine Methode in konsequenter Weise anwende und nicht sprunghaft mal so, mal so verfahre, so ist meine wissenschaftliche Arbeit nicht weniger wert als eine andere, so ist auch meine Disziplin, nämlich die Psychologie nicht weniger wert als z.B. die Physik. So weit komme ich mit dem 4. Pflock sehr gut zurecht. Die Mathematik stellt eine Umgangsform mit Wirklichkeit dar, die Biologie ebenfalls, so wie auch die Physik, die Chemie und die Psychologie. Jede ist durch bestimmte Methoden gültig, wissenschaftlich und nicht an sich wertloser oder wertvoller gegenüber den anderen. Im Falle eines Brückenbaus sieht man jedoch durchaus eine Unterscheidung bei der Anwendung der einzelnen Wissenschaften. Auch wenn ein Psychologe sich mit dem Erleben und Verhalten beim Laufen auf der Brücke und der Chemiker mit der chemischen Zusammensetzung der Baumaterialien befassen kann, so sollte die Physik vor dem Bau die Statik berechnen. Ein völliger Verzicht auf eine Disziplin ist aber unsinnig. So braucht man im Falle von stark traumatisierten Menschen zunächst keine Physiker oder Mathematiker, sondern die Psychologie. Im Anschluss kann die Physik von Nutzen sein, um den traumatisierten Menschen eine sichere Unterkunft zu bauen. Die Wirklichkeiten einzelner Wissenschaftsdisziplinen haben also keine grundsätzliche Rangordnung, durchaus jedoch gegenstandsbezogen: bis dahin empfinde ich den Pflock nicht als Umbildungspflock. Nun geht man aber einen Schritt weiter und muss feststellen, dass persönliche Vorlieben, Meinungen, Abneigungen beispielsweise politischer Art, psychologisch betrachtet, in keiner Rangordnung zu konträren Auffassungen stehen. Wenn ich eine Politikerin auf eine spezielle Art und Weise erlebe, ist dies ebenso eine psychologisch vollgültig beschriebene Wirklichkeit, wie von jemandem, welcher gegensätzlich denkt. Auch hier fürchte ich eine Verletzung des Egos der Menschen. So spielen ,richtig' und ,falsch' aus dem alltäglichen Gebrauch keine Rolle mehr, denn psychologisch betrachtet gibt es kein sinnloses und somit falsches Erleben und Verhalten und dies mag einen gewissen Umbildungsprozess in Gang setzen. Der Pflock beschreibt schließlich auch die Wirkung des Empfängers als die bestimmende Determinante für die Wirklichkeit eines Werkes und nicht die Absicht des Machers. Es mag also egal sein, wie stolz und zufrieden ich auf und mit meinem geschaffenen Werk bin, oder wie überzeugt von seiner eindeutigen Wirkung, seine

Wirklichkeit im Erleben und Verhalten wird durch den Empfänger bestimmt. Es sei denn, die Wirklichkeit des Werkes soll aus Sicht des Machers bestimmt werden, also wie er sein Werk erlebt und sich im Umgang mit ihm verhält. In der Wirtschaft jedoch vermutlich eine seltenere Fragestellung. Und trotzdem wird in der Schule jedes mal nach den Intentionen des Machers gefragt. Es klingt eigentlich so einfach: Wie wirkt das auf *dich*? Wie erlebst *du* es? Doch es ist für mich nicht ganz einfach, auf mein eigenes Erleben zu hören, nicht mit einzubeziehen, was der Künstler damit sagen wollte und meinen persönlichen Umgang mit etwas genau zu beschreiben. Dies mag aber durch Übung durchaus einfacher werden, denn Zweifel an der Existenz meines persönlichen Erlebens habe ich keine.

Ich werde nun zu weiteren Pflöcken übergehen, welche für mich stark verbunden, z.T. sehr ähnlich sind. Eben ging es um die Bedeutsamkeit des Erlebens und Verhaltens der Empfänger eines Werkes und weniger der Intention des Machers. Wenn ich mich mit dem 11. Pflock beschäftige, so lese ich die ‚wirtschaftliche Betrachtungsweise' von Wirklichkeit so, dass die Gestaltung z.B. eines Werbespots vor allem gewinnbringend sein soll, außer es handelt sich um keine profitorientierte Organisation. Indem die Gestaltung des Werbespots das Erleben der Empfänger im Fokus hat, soll es erfolgreicher umgesetzt werden. Eine Psychologie für die Wirtschaft, beziehungsweise eine Wirtschaft im Einklang mit dem Seelischen. Es gibt keine anderen Kontexte, in denen ich das Ziel des Einbezugs und der Beratung von und durch Wirtschaftspsychologen nicht schlussendlich als Gewinnerhaltung- oder Steigerung definieren würde. Für den Wirtschaftspsychologen selber mag das Ziel seiner Tätigkeit aber auch durchaus ein anderes sein. Auch wenn ich die Reichweite wirtschaftlicher Kontexte nicht so groß eingeschätzt hätte, wie sie es ist, so lese ich ‚wirtschaftlich' als letztendlich gewinnfokussiert. Das Nomen ‚Wirtschaft' klingt wiederum für mich wie ein abgetrennter Bereich der Wirklichkeit, wohingegen eine ‚wirtschaftliche Betrachtungsweise' in so vielen (wirtschaftlichen) Kontexten denkbar ist. Ich habe ‚Wirtschaft' nie als eine Umgangsform mit Wirklichkeit gesehen und kann auch jetzt das Wort gedanklich noch nicht mit ‚wirtschaftlicher Betrachtungsweise' gleichsetzen, eine wirtschaftliche Umgangsform mit Wirklichkeit klingt für mich dagegen einleuchtend. Mit diesem 11. Pflock verbinde ich auch den 6. Pflock, denn auch hier geht es um die ganze Wirklichkeit. Seit wir über wirtschaftliche Kontexte und dessen Grenzen sprachen, erweiterte sich der mögliche

Forschungsspielraum der Wirtschaftspsychologie erheblich. Ich frage mich nun also, wo Wirtschaft eigentlich endet und bin bei allen Gedankenspielen immer wieder zu dem Schluss gekommen, dass auch jenes Beispiel ein mögliches Erkenntnisobjekt sein kann. Ebenfalls durchdenke ich die Situationen für andere Disziplinen, was sich manchmal blödsinnig anhört und doch trotzdem möglich sein muss. Um es anschaulich zu machen: die Wirklichkeit eines Schuhgeschäfts kann sowohl von einem Psychologen auf das Erleben und Verhalten der Kunden in dem Geschäft untersucht werden, als auch auf medizinische Beeinträchtigungen für die Kunden durch einen Mediziner, und nun wird es etwas konfus: Der Astronom kann das Universum, die Sterne und Planeten vom Standpunkt des Schuhladens analysieren. Doch was hat das noch mit dem Schuhgeschäft zu tun ? Der Schuhladen ist doch ein Teil der Wirklichkeit. Muss auch hier, wie bei der Wirtschaftspsychologie eine astronomisch relevante Fragestellung zugrunde liegen und wenn ja, welche könnte das sein? Es mag auch sein, dass ich mich zu wenig mit den Möglichkeiten der Astronomie auskenne und deshalb den Pflock nicht immer ganz verstehen kann. Ich habe über den Inhalt, ich ihn verstehe, bereits vor Studium ein wenig nachgedacht. Auch hier komme ich wieder auf das Beispiel aus Schulzeiten zu sprechen: Die Physik beschreibt die ganze Wirklichkeit, doch sie ist nicht die einzige Wissenschaft, gleichzeitig wurde uns Chemie beigebracht, welche ebenfalls die ganze Wirklichkeit beschreibt und so stehen die Disziplinen nebeneinander vor der gesamten Wirklichkeit. Während der 6. für mich der grundlegendere Pflock im Vergleich zum 11. ist, so gehört der 12. ebenfalls dazu, ist jedoch am spezifischsten. Im Grunde lese ich in ihm das, was aus dem 6. hervorgeht. Die Chemie beansprucht schließlich auch die gesamte Wirklichkeit durch ihre Perspektive und mit eigenen Mitteln beschreiben zu können, ohne an einem Punkt auf physikalische Gesetzmäßigkeiten zurückgreifen zu müssen oder von anderen Disziplinen dazu angehalten werden . Die Psychologie mag es da noch schwer haben, da seit ein paar Jahrhunderten die naturwissenschaftlichen Erklärungsmodelle am ehesten belieben. Die Psychologie kann sich von der Physiologie zwar durchaus trennen aber bestimmte Ursachen seelischer Prozesse werden immer wieder als physiologisch determiniert, obwohl die Psychologie diese fachübergreifenden Erklärungsversuche nicht benötigt.

Nun komme ich zu den letzten beiden Pflöcken, dem 7. und 9. Pflock, welche mir auch weniger wissenschaftstheoretisch, sonder speziell auf die Psychologie bezogen erscheinen. Der 7. erscheint mir etwas widersprüchlich, denn es heißt Psychologie sei keine Ansammlung von Wissensbeständen und am Ende: Psychologie kann man lernen- Psychologie muss man werden. Bezieht man den Pflock nur auf die qualitative, v.A. morphologische Psychologie, so erscheint es mir stimmig. Doch was ist mit der quantitativen Psychologie ? Ist es dort nicht mehrheitlich ein Lernen, weniger ein Werden ? Ob man der Auffassung ist, diese Haltung wäre dem Gegenstand der Psychologie angemessen, ist eine andere Frage. Doch gibt es mannig Wissen in vielen Büchern, welches ein quantitativer Psychologe durchaus lernen kann. Und auch in der morphologischen Psychologie gibt es auch das ein oder andere zum Lernen, was aber nur durch das ‚Werden‘ wirklich verstanden und erhalten werden kann. Ansonsten würde ich die Art und Weise sich psychologisch, ob quantitativ oder qualitativ, mit einem Gegenstand zu befassen aber weniger als (auswendig) lernbar definieren, sondern mehr durch Erfahrungswerte anzueignen. Der nach meiner Sortierung, respektive Zuordnung letzte Pflock hat mir den Verwendungssinn und die Möglichkeiten qualitativer, insbesonder tiefenpsychologisch-kulturpsychologisch-morphologischer Forschung nähergebracht. Zu Beginn des Studiums glaubte ich aufgrund der meist kleineren Teilnehmeranzahl und der ausführlichen Erforschung einzelner Beschreibungen durch Erlebensprotokolle und insbesondere Tiefeninterviews, dass die Erkentnisse dementsprechend auch nur höchstens auf kleinere Gruppen übertragbar, vor allem aber auf die jeweiligen Teilnehmer bezogen wären und besonders für deren Erleben und Verhalten ein tiefergehendes Verstehen möglich machen würden . So langsam erschließt sich mir aber, dass die Ergebnisse den Verwendungszweck im Alltag durch das beschriebene Erleben und Verhalten erläutern, es quasi personenunspezifische Alltagszusammenhänge gibt, und es so für Unternehmen durchaus sinnvoll ist, diese Art von Untersuchungen zu nutzen. Was würde einem Unternehmen schließlich das Ergebnis von 15 Probanden aus Tiefeninterviews nützen, wenn dieses nicht übertragbar auf größere Gruppen ist ? Auch wenn diese Psychologie keine universalen Gesetzmäßigkeiten aufstellen will, so ist es doch für Unternehmen sehr nützlich, qualitative tiefenpsychologische, kultur- und kontextbezogene Forschung zu nutzen.

Abschließend lässt sich sagen, dass mir die Auseinandersetzung mit den 12 Pflöcken durch längeres Nachdenken immer leichter fiel, im Vergleich zu den anderen beiden Teilen der Hausarbeit. Während ich bei der erstmaligen Vorstellung der gesamten 12 Pflöcke (mit Ausnahme des 10.) eher noch eine grobe Zustimmungstendenz und viel Ratlosigkeit verspürte, als Ideen für eine kritische Auseinandersetzung, kamen mit der Zeit und Beschäftigung mit ihnen mehr Einfälle, Fragen und Unterscheidungen auf. So unterschied ich die 12 Pflöcke dann nach wissenschaftstheoretischen, grundsätzlichen Sichtweisen bis hin zu fachspezifischen Orientierungen, um sie mir selber besser zu erläutern. Denn sie bewirkten im Prozess eine Menge und um den Kopf nicht zu verlieren, war eine gewisse Ordnung von Nöten. Während einige etwas aussprachen, dass ich sicher nie so ausformuliert hätte, mir aber seltsam vertraut vorkam, so waren andere ganz unbekannt. Einige erschienen mir inhaltlich neu und brachten Antworten zu bereits bestehenden Fragen, andere wiederum warfen neue Fragen auf.

Literaturverzeichnis

Schulte, Prof. A. (Veröffentlichungsdatum unbekannt)

https://www.businessschool-berlin.de/studium-
bewerbung/bachelorstudiengaenge/wirtschaftspsychologie/studium/

(Stand 09.03.2018)

Spieß, Prof. Dr. E. (2004). Wirtschaftspsychologie, Rahmenmodell, Konzepte, Anwendungsfelder. München: De Gruyter Oldenbourg Verlag

Wiswede, G. (2012). Einführung in die Wirtschaftspsychologie (5. aktualisierte Auflage). München ; Basel : E. Reinhardt